AF331617

LES
DROITS DES SYNDICATS

PROFESSIONNELS

en matière d'Actions judiciaires

CONSULTATION

DU CONSEIL JUDICIAIRE DU SYNDICAT

DES VITICULTEURS DE FRANCE

Extrait du Bulletin du Syndicat

DU 1ᵉʳ AVRIL 1897

PARIS

AU SIÈGE DU SYNDICAT

122, AVENUE DES CHAMPS-ÉLYSÉES, 122

LES DROITS
DES SYNDICATS PROFESSIONNELS
EN MATIÈRE D'ACTIONS JUDICIAIRES

*Consultation du Conseil judiciaire du Syndicat
des viticulteurs de France.*

Le tribunal correctionnel de Bordeaux avait à juger dernièrement trois affaires de mouillage de vin. Il s'agissait de fraudes à la loi du 24 juillet 1894. Divers négociants avaient expédié avec des acquits blancs et sous la dénomination de « vin de vendange naturel » des quantités plus ou moins considérables de liquides reconnus par l'analyse chimique comme ayant été mouillés dans la proportion de 30 à 45 p. 0/0.

L'Association syndicale des viticulteurs propriétaires de la Gironde intervenait, comme partie civile, au procès, en vertu de l'article 6 de la loi du 21 mars 1884 sur les Syndicats professionnels; on sait que cet article donne aux Syndicats le droit d'ester en justice. L'Association syndicale de la Gironde justifiait son intervention par la sauvegarde des intérêts agricoles et commerciaux dont il a la charge et réclamait de justes dommages-intérêts à raison du préjudice causé aux viticulteurs de la Gironde par la concurrence déloyale, la pratique frauduleuse des négociants prévenus qui avaient mis en vente, comme vins de Bordeaux, comme vins naturels de vendange, des produits falsifiés, pratique qui devait avoir pour effet de discréditer les vins de la Gironde, de nuire à leur réputation et par conséquent aux intérêts des viticulteurs qui les produisent.

Le tribunal correctionnel de Bordeaux a rendu son jugement le 5 février 1897. Il a condamné les prévenus, comme on le verra plus loin; mais il a déclaré irrecevable l'intervention de l'Association syndicale des viticulteurs-propriétaires de la Gironde.

Voici les motifs du jugement qui déboute de sa demande l'Association syndicale :

« Attendu que l'Association syndicale des viticulteurs-propriétaires de la Gironde s'est portée partie civile en la cause ;

« Attendu que les prévenus repoussent son intervention, motifs pris, d'une part de ce qu'elle serait constituée dans des conditions contraires à la loi du 21 mars 1884, et, par suite. devrait être tenue pour démunie de la capacité d'ester en justice, conférée par cette loi aux Syndicats ou Associations professionnels; d'autre part, de ce que sa constitution, fût-elle régulière, elle n'aurait aucune qualité pour s'immiscer dans l'affaire actuelle ;

« Attendu que le premier de ces moyens est précisé par cette simple allégation que parmi les membres de ladite Association figurent un grand nombre de gens de professions très diverses, qui, s'ils possèdent tous des vignes, resteraient étrangers à leur culture, et sont même pour la plupart éloignés, et n'ont pas ainsi entre elles le lien professionnel ;

« Mais attendu que ce dire est dénué de preuve et que d'ailleurs le fondement en fût-il établi en fait, on ne saurait faire résulter l'inexistence juridique de l'association dont s'agit; que, en effet, aux termes de ses statuts, il faut, pour être admis à en faire partie, être dans le département de la Gironde propriétaire-viticulteur ou participant dans les produits d'un vignoble et concourant à son exploitation ;

« Que, ainsi, elle est bien constituée, en principes, entre personnes exerçant la même profession ou des professions connexes concourant à l'obtention d'un même produit, le vin; et que, en cet état, y eût-il parmi ses membres des propriétaires de vignes restant personnellement étrangers à la viticulture et fallût-il pour cela considérer l'admission de ces propriétaires comme illégale (ce qu'il n'échet pas d'examiner), elle n'en serait pas moins valablement constituée quant aux autres, sauf application, s'il y avait lieu, de l'article 9 de la loi précitée;

« Attendu que la seconde fin de non-recevoir élevée à l'encontre de la partie civile est basée sur le défaut d'intérêt;

« Attendu que si les Syndicats ont été investis de la capacité d'ester en justice, cette capacité ne va pas pour eux hors du droit commun; que cette capacité leur ayant été conférée seulement dans ces termes généraux : « Les Syndicats... auront le droit d'ester en justice, » elle ne leur ouvre pas des actions qui seraient fermées à des particuliers; que notamment la faculté de se porter partie civile devant le tribunal correctionnel étant limitée par l'article 2 du Code d'instruction criminelle à ceux qui ont souffert du dommage causé par le délit objet de la prévention; les Syndicats sont soumis à cette limitation;

« Que le dommage qui légitime pareille action doit résulter de l'infraction punissable prise dans son unité, dans son isolement; que tous éléments étrangers à cette infraction, considérée en elle-même, en elle seule, doivent devant la juridiction spéciale, ainsi saisie, être écartés pour si dommageables qu'ils soient aussi;

« Que, d'un autre côté, il s'agit là d'un dommage consistant en une lésion appréciable, directe et actuelle, faite soit à la personne, soit au patrimoine matériel ou moral, à la fortune ou à la réputation; qu'il n'y sert de rien, suivant l'expression de Merlin, d'avoir à la punition un intérêt éloigné et indirect; qu'à plus forte raison il n'y suffit pas d'un intérêt qui, par sa division, arrive à se confondre avec l'intérêt social;

« Que sans doute, lorsque, comme en l'espèce, une marchandise a été falsifiée dans la Gironde, chaque consommateur de ce département, au moins autant que chaque producteur, a intérêt à ce que la fraude ainsi commise soit réprimée; que cependant on ne comprendrait pas comment tous les buveurs de vin y seraient admis à poursuivre le fraudeur qui aurait mêlé de l'eau à ce produit, dont les hasards de la vente pourraient les rendre propriétaires, et que l'on s'explique encore moins pourquoi tous les viticulteurs y seraient reconnus recevables, même en se liguant, à crier aussi haro à l'audience sur le tiers qui aurait par ce fait contribué dans une mesure pour ainsi dire infinitésimale, au discrédit et, comme on dit, à la mévente de leurs propres récoltes ;

« Qu'à plus forte raison on ne peut permettre à un certain nombre de viticulteurs syndiqués entre eux, ce qui serait aussi défendu à tous ; que, en effet, au cas fort possible en droit et en fait, où il existerait plusieurs Syndicats ayant sous des noms différents le même objet que celui-ci, il faudrait déclarer chacun d'eux recevable à se porter partie civile, et que, même ce pas franchi, il ne resterait aucune bonne raison de refuser cette faculté à tous les Syndicats de viticulteurs qui se pourraient créer en France ;

« Que, en somme, cette sauvegarde de l'intérêt général, même démembré, incombe et appartient exclusivement au ministère public à qui chacun peut porter non plus plainte, mais dénonciation, et que, par suite, en la cause, il échet de dire droit au fond des réquisitions du ministère public, non des conclusions du Syndicat des viticulteurs propriétaires de la Gironde. »

Dispositif.

Dans la première affaire, le tribunal condamne X..., à trois jours de prison ; relaxe P... et Z... de la poursuite dirigée contre eux par le parquet, mais les frappe de 1.000 fr. et 25 fr. d'amende envers la régie. X..., est en outre, condamné à l'insertion par extraits du dispositif du jugement dans la *Petite Gironde*, le *Nouvelliste*, la *France*, et à l'affichage à 100 exemplaires dans l'arrondissement de Bordeaux.

Dans la deuxième affaire, les sieurs V... et P... sont condamnés chacun à six jours de prison, aux mêmes insertions et affichage.

Enfin, la troisième affaire concerne le sieur W..., qui, acquitté des poursuites du ministère public, est condamné à 500 francs d'amende envers l'administration des contributions indirectes.

L'Association syndicale des viticulteurs-propriétaires de la Gironde a soumis la question au *Syndicat des viticulteurs de France* en lui demandant son avis.

Le Syndicat des Viticulteurs de France a jugé que la question posée comportait, tant à cause de son importance que de sa nature,

une étude approfondie ; il a, en conséquence, demandé une consultation aux jurisconsultes qui composent son Conseil judiciaire.

Nous donnons ci-après cette consultation qui intéressera non seulement les viticulteurs mais tous les syndicats agricoles.

CONSULTATION :

Paris, le 14 mars 1897.

A Monsieur le Président du Syndicat
des Viticulteurs de France.

Monsieur le Président,

Nous avons reçu votre lettre du 8 mars 1897 ainsi conçue :

« Messieurs, j'ai l'honneur de vous transmettre le texte d'un juge-
« ment du Tribunal correctionnel de Bordeaux du 5 février 1897,
« rendu à la suite de poursuites exercées par le ministère public
« contre divers négociants prévenus, en vertu de la loi du 24 juil-
« let 1894, d'avoir vendu sous la dénomination de *vin de vendange*
« *naturel* des quantités plus ou moins considérables de liquides
« reconnus par l'analyse chimique comme ayant été mouillés dans la
« proportion de 30 à 50 pour cent.

« L'Association Syndicale des viticulteurs propriétaires de la
« Gironde s'était portée civile dans l'instance ; son intervention a été
« déclarée irrecevable par le Tribunal. En me communiquant ce
« jugement, cette Association syndicale m'exprime le désir d'avoir
« l'opinion du Syndicat des viticulteurs de France sur ce jugement
« dont elle a, d'ailleurs, interjeté appel.

« D'une façon générale la question posée est celle de savoir quelle
« est l'étendue des droits des Syndicats professionnels en matière
« d'actions judiciaires.

« Le Syndicat des viticulteurs de France a décidé qu'il y avait lieu
« de confier à son Conseil judiciaire l'étude de cette importante
« question. En conséquence, j'ai l'honneur de vous prier, Messieurs,
« de vouloir bien prendre connaissance du jugement ci-joint et,
« après avoir examiné la question de droit qu'il soulève, m'adresser
« votre avis motivé. »

Nous avons, Monsieur le Président, pris connaissance du jugement du Tribunal correctionnel de Bordeaux du 5 février 1897, joint à votre lettre, et, après avoir examiné la question posée, nous avons l'honneur de vous donner ci-dessous notre avis motivé.

— Les Syndicats professionnels tiennent de l'alinéa premier de l'article 6 de la loi du 21 mars 1884 le droit d'ester en justice.

Quelle est l'étendue de ce droit? Sera-t-il limité aux cas où le Syndicat, soit comme demandeur, soit comme défendeur, aura à plaider à propos d'actions relatives à sa constitution, à son patrimoine aux diverses obligations qu'il est susceptible de contracter en tant que personne civile ?

Ou bien pourra-t-il s'exercer aussi pour la défense des intérêts professionnels ?

La loi du 21 mars 1884 n'a point fixé de limite à ce droit. Il semble donc qu'on doit l'entendre *lato sensu*, le considérer comme étant absolu et ne pouvant être restreint par une interprétation arbitraire de la loi.

Cependant à l'appui de la doctrine de l'interprétation restrictive de ce droit on a invoqué une prétendue contradiction qui se produirait entre le caractère absolu de ce droit — si on l'admettait — et certains principes généraux de notre législation en matière d'actions. De ce que nul en France ne plaide par procureur et de ce que l'intérêt est la mesure des actions, on infère qu'il ne peut être permis à un Syndicat de défendre devant les Tribunaux les intérêts professionnels de ses membres.

Assurément ce serait le cas d'admettre cette théorie si, lorsqu'un membre d'un Syndicat a un procès relatif à une obligation qu'il aurait assumée ou à un droit qu'il aurait acquis dans l'exercice de sa profession, le Syndicat entendait se substituer à lui et plaider pour lui. Ainsi, par exemple, si un membre d'un Syndicat de viticulteurs avait un procès avec son tonnelier à propos du règlement d'une facture il est évident que le Syndicat ne serait pas fondé à intervenir.

Mais il en serait autrement si le Syndicat, en dehors de toute action dirigée par ou contre un de ses membres, se présentait directement pour défendre des intérêts professionnels. Dans ce cas il ne plaiderait pas pour quelqu'un, il ne se substituerait à personne :

il agirait pour lui-même, dans son propre intérêt. Il est une collecti-
vité, c'est là son caractère essentiel et sa raison d'être. Par cela même
il a à défendre des intérêts généraux, collectifs, mais il n'a à défendre
que ceux-là.

D'où il suit que la recevabilité de son action sera toujours et néces-
sairement subordonnée à cette condition que l'intérêt invoqué sera,
non pas l'intérêt privé d'un ou de plusieurs des membres, même considéré au point de vue professionnel, mais l'intérêt collectif dont
l'étude et la défense sont, aux termes de la loi du 21 mars 1884, le but
du syndicat.

Si même dans une instance où un de ses membres défendrait ses
propres intérêts privés d'ordre professionnel, le Syndicat intervenait,
non pour se substituer à celui de ses membres qui est en cause, mais
pour défendre, à propos de la question professionnelle soulevée, les
intérêts généraux de la profession qu'il représente, il n'y aurait aucune
raison, tirée du droit, pour déclarer son action irrecevable.

En exerçant dans ces conditions son droit d'ester en justice, un
Syndicat professionnel ne plaidera pas comme procureur, pas plus
qu'il n'intentera une action dépourvue d'intérêt; il se conformera
strictement aux principes généraux du droit commun en matière
d'action.

Lui dénier le droit d'ester en justice pour la défense des intérêts
généraux professionnels, ce serait ajouter à la loi, par voie d'interprétation, une disposition que le législateur n'y a pas insérée; ce
serait affirmer que, pour la défense des intérêts professionnels, le
rôle du Syndicat se bornera aux rapports qu'il jugera à propos d'avoir
soit avec des particuliers, soit avec les pouvoirs publics.

Le législateur n'a pas voulu définir par une énonciation énuméra-
tive les divers modes que pourrait affecter la défense des intérêts professionnels. Mais quand dans l'alinéa premier de l'article 6 il a dit :
« Les Syndicats professionnels pourront ester en justice », il leur a
manifestement accordé un droit dont il pouvait aisément prévoir que
l'exercice serait un moyen utile et, dans certains cas, unique de
défendre les intérêts professionnels. En s'abstenant de déterminer
strictement et limitativement l'étendue de ce droit, le législateur a, par
cela même, donné à ce droit un caractère absolu et général.

Il s'agira donc uniquement, au point de vue de la recevabilité de l'action, de rechercher quel est le caractère de l'intérêt en jeu. C'est là éminemment une question d'espèce. Souvent il arrivera que l'intérêt invoqué, quoique étant vraiment celui de chacun des membres du Syndicat, soit cependant plutôt l'intérêt privé de chacun qu'un intérêt général et collectif. La distinction paraîtra peut-être en certains cas difficile à établir. Elle est possible cependant et déjà les tribunaux ont été appelés à la faire.

C'est ainsi qu'il a été jugé, le 13 juin 1888, par le tribunal d'Arras qu'un Syndicat de propriétaires-agriculteurs était sans droit pour demander des dommages-intérêts au propriétaire d'un bois dont les lapins causaient des ravages dans les cultures maraîchères voisines ; les juges ont décidé qu'il ne s'agissait pas là d'un intérêt agricole ayant, suivant le vœu de la loi, le caractère d'intérêt général, qu'il s'agissait seulement d'un intérêt purement privé et que l'action à laquelle il pouvait donner lieu était exclusivement réservée à chacun des maraîchers qui avaient individuellement à se plaindre du dommage.

Cette doctrine est conforme aux principes généraux que nous avons exposés plus haut. Elle déclare que là où il est évident que le dommage a été causé spécialement, directement à un individu déterminé, c'est l'intérêt personnel de cet individu qui est en jeu ; peu importe que le dommage causé dans ces conditions ait atteint, même simultanément, tous les membres d'un Syndicat ; ce sera, malgré cette circonstance, un dommage particulier, dont la gravité pourra être exactement mesurée pour chacun de ceux qu'il a atteints ; il les aura affectés peut-être en grand nombre, mais chacun en particulier et non pas tous collectivement.

Que si, au contraire, l'intérêt en jeu naît d'un dommage causé à la profession dont s'occupe un Syndicat, par exemple, comme dans le cas qui a motivé l'intervention de l'Association syndicale des Viti-culteurs-propriétaires de la Gironde, par les manœuvres dolosives d'un ou de plusieurs individus et sans même que l'un quelconque des membres du Syndicat ait été nominativement atteint par ce dommage, on conçoit qu'il s'agit bien alors d'un intérêt professionnel ayant le caractère d'intérêt général et collectif.

C'est ce qu'a reconnu formellement la Cour d'Amiens par un arrêt du 13 mars 1895. Un Syndicat de poissonniers qui exerçaient leur industrie dans des étangs situés dans le voisinage de Péronne avait assigné des fabricants de sucre pour faire constater que les fabriques des défendeurs déversaient dans les étangs des demandeurs des eaux nuisibles aux poissons et pour réclamer des mesures de protection.

Tous les membres du Syndicat souffraient simultanément de cette situation, mais l'étendue du dommage que chacun d'eux, pris en particulier, en subissait, ne pouvait évidemment pas être l'objet d'une constatation ni d'une estimation spéciale. Il était manifeste qu'il ne s'agissait pas d'un intérêt exclusivement privé ; la contamination des étangs causait un dommage s'étendant indivisément et communément à tous les usagers de ces étangs, nuisant aux intérêts généraux et collectifs de ceux-ci. On ne pouvait pas dire, en effet, que tel membre du Syndicat avait, par suite de la contamination des eaux, pris tant de tonnes de poissons en moins de ce qu'il aurait pris réellement si les eaux n'avaient pas été contaminées. Mais il était cependant certain que, par le fait de cette contamination, les poissons périssaient, et que, par suite, les poissonniers de ces étangs étaient lésés dans l'intérêt collectif de leur profession, lequel est indubitablement l'abondance du poisson. Aussi la Cour d'Amiens a-t-elle déclaré leur action recevable pour ce motif qu'elle avait pour objet un intérêt commun et collectif, et n'avait d'autre but que d'empêcher le dépeuplement des étangs, dont tous les syndiqués auraient également à souffrir.

C'est par application des mêmes principes que la Cour de Paris, par arrêt du 16 décembre 1891, a déclaré recevable l'intervention de la Chambre syndicale des pharmaciens de la Seine (constitués en Syndicat professionnel dans les conditions prévues par la loi du 21 mars 1884) dans les poursuites intentées à une sage-femme pour exercice illégal de la pharmacie. Cette intervention était fondée sur l'intérêt collectif des membres du Syndicat à faire réprimer les infractions à la loi, qui donne aux pharmaciens le monopole de la vente des produits pharmaceutiques. Sans doute, en ce qui concerne les pharmaciens, l'intérêt professionnel à défendre est d'une nature différente de ceux des autres syndicats professionnels, puisque, quoique ayant bien le caractère d'un intérêt commercial, il dérive d'un monopole concédé par la loi. Mais il importe peu de connaître l'origine de l'intérêt qui donne ouverture à l'action ; il s'agit seulement de savoir si cet intérêt, quelle que soit sa base, a le caractère d'intérêt général de la profession. L'arrêt de la Cour de Paris a lumineusement dégagé ces principes sur la matière en disant :

« Considérant que l'objet de l'association est, entre autres, de « protéger l'exercice légal de la pharmacie contre les empiètement « des professions étrangères ; qu'en effet, composée de commerçants « investis d'un monopole légal protégé par des sanctions pénales, « elle a des intérêts commerciaux à défendre contre les entreprises « qui seraient faites au détriment de ses droits ; que la défense métho- « dique et régulière de ses droits intéresse l'ensemble de la corpora- « tion, indépendamment des préjudices particuliers que pourraient « éprouver certains de ses membres dans des circonstances particu- « lières. »

A maintes reprises, d'ailleurs, cette doctrine a été admise. Ainsi la Cour de Paris, par arrêt du 18 novembre 1892, la Chambre des requêtes de la Cour de cassation, par arrêt du 26 juillet 1889, et la Chambre civile de la même Cour, par arrêt du 9 avril 1894, ont, dans des instances introduites par le Syndicat des vins de Champagne contre divers fabricants de vins dits « Champagne de Saumur », admis l'action de ce Syndicat et condamné les adversaires à des réparations pécuniaires, au profit de ce Syndicat, pour contrefaçon. Il s'agissait d'un préjudice causé d'une façon générale aux fabricants de vin de Champagne par la concurrence des vins de Saumur, qui avaient usurpé la dénomination de « Champagne ». Le Syndicat ne défendait pas l'intérêt privé de tel ou tel fabricant de Reims ou d'Épernay, mais l'intérêt général des fabricants et producteurs de vin de Champagne.

Il semble donc que, en droit, la question de recevabilité de l'action des syndicats pour la défense des intérêts généraux et collectifs de la profession qu'ils représentent ait été souverainement et définitivement jugée par la Cour suprême.

Que l'action soit portée directement devant les Tribunaux civils ou qu'elle se produise sous forme d'intervention de la partie civile devant la juridiction correctionnelle, elle est fondée sur un droit unique, et dérive d'un seul et même principe; elle est donc également recevable dans les deux cas.

Vainement on prétendrait, comme le fait cependant,mais à tort, le Tribunal correctionnel de Bordeaux, que l'action du Syndicat n'est pas recevable parce qu'elle repose sur un intérêt qui, par sa division, arrive à se confondre avec l'intérêt social, d'où il résulterait que cette action ferait double emploi avec celle du ministère public. C'est un fait d'observation élémentaire qu'un intérêt professionnel, si général qu'on veuille le considérer, est toujours, par sa nature, moins étendu que l'intérêt social, et que, bien qu'il puisse exister entre eux certaines affinités et points communs, ils s'en distinguent cependant par divers côtés.

Ainsi, en ce qui concerne les vins mouillés, mis en vente comme vins naturels de vendange, il est évident que c'est dans l'intérêt social que la loi du 24 juillet 1894 a considéré et réprimé cette pratique comme une fraude nuisible à la fois à l'intérêt des consommateurs, à celui des producteurs et à la morale publique. Indubitablement l'intérêt des producteurs se trouve lésé toutes les fois qu'il est offert aux consommateurs, sous le nom de vin naturel, un produit falsifié qui n'est que le résultat d'un coupage de vin naturel et d'une certaine quantité d'eau. Bien que l'intérêt des producteurs s'accorde ici avec celui des consommateurs et la morale publique, il en est cependant distinct en ce sens que, la morale publique et les consommateurs seraient-ils indifférents au mouillage des vins naturels, les producteurs n'en éprouveraient pas moins un dommage indiscutable si leurs produits, ayant seuls le droit d'être dénommés vins naturels, pouvaient subir l'effet d'une concurrence déloyale par le fait de la mise en vente sous le même nom d'un produit qui n'a pas droit à cette dénomination.

L'intérêt de la morale publique, c'est que toute fraude soit réprimée.

L'intérêt du consommateur, c'est qu'on ne puisse lui livrer, en profitant de ce qu'il n'a pas de moyen efficace de contrôle, un produit autre que celui qu'il a demandé.

L'intérêt du producteur, c'est que la dénomination de son produit, le vin naturel, ne soit pas usurpée par d'autres produits qui n'y ont aucun droit.

Ces trois intérêts sont donc différents; mais cependant s'ils s'accordent, comme c'est le cas, il n'est pas vrai de dire qu'ils se confondent.

L'intérêt social, l'intérêt fiscal lui-même seront sauvegardés par l'action publique. Mais qui, sinon le Syndicat, par son action particulière, sauvegardera l'intérêt collectif de la profession de viticulteur, lequel est, on n'en peut douter, de faire réparer le préjudice causé à cette profession par une pratique qui a pour résultat de discréditer les vins de la Gironde, de nuire à leur réputation?

Le tribunal correctionnel de Bordeaux semble d'ailleurs avoir senti la nécessité de suppléer à l'insuffisance de ce motif en ajoutant que si dans cette affaire il pouvait être légitimement question d'un intérêt général distinct, de l'intérêt social, cet intérêt général ne serait pas uniquement celui des viticulteurs, mais qu'il se confondrait certainement avec celui des consommateurs, et le tribunal fait remarquer qu'il serait inadmissible de recevoir l'intervention de tous les buveurs de vin.

Nous ne pensons pas que ce motif soit de nature à mieux justifier la décision du tribunal. Les buveurs de vin peuvent, il est vrai, avoir dans la répression du mouillage un intérêt collectif indéniable, il est cependant impossible de soutenir qu'il s'agit là pour eux d'un intérêt professionnel. S'aviseraient-ils, contrairement à toute vraisemblance, de former une association, que les buveurs de vin, même les moins sobres, n'auraient aucune chance de la faire reconnaître comme constituée en syndicat professionnel aux termes de la loi du 21 mars 1884.

Le tribunal ajoute :

« Qu'on s'explique encore moins pourquoi tous les viticulteurs
« seraient reconnus recevables, même en se liguant à crier haro à
« l'audience sur un tiers qui aurait par ce fait contribué dans une
« mesure, au discrédit et. comme on dit, à la mévente de leurs pro-
« pres récoltes. »

En effet, pour les motifs que nous avons développés plus haut, un ou plusieurs viticulteurs ne sauraient avoir d'action qu'en tant qu'ils se plaindraient, ensemble s'il y avait lieu, mais chacun pour soi, d'un préjudice particulier, déterminé. Il faudrait donc, pour que leur action fut recevable, que M. X..., M. Y..., M. Z... aient à se plaindre d'un préjudice que tel négociant aurait directement, spécialement et per-

sonnellement causé à chacun d'eux en vendant du vin mouillé sous le
nom de vin naturel, et l'on sait que ce cas n'est pas une simple
hypothèse.

Si ce cas advenant, ils portaient ensemble leur action devant le tribunal, ils ne le pourraient pas faire solidairement et la Ligue qui pré-
voit par supposition le motif ci-dessus rapporté du tribunal de Bordeaux, si elle se produisait nominalement et en fait, n'aurait aucune
existence en droit.

Le tribunal, continuant, dit :

« Qu'à plus forte raison on ne peut permettre à un certain nombre
« de viticulteurs syndiqués entre eux, ce qui serait ainsi défendu à
« tous. »

Ce motif est une méconnaissance formelle des principes de la loi
du 21 mars 1884. C'est précisément pour donner aux citoyens asso-
ciés en vue de la défense de leurs intérêts professionnels des droits
qui n'appartiendraient pas à chacun d'eux spécialement et pour
donner ainsi à cette forme de l'activité humaine qu'on appelle l'association des intérêts du travail une plus grande puissance, que le législateur a fait la loi sur les syndicats professionnels.

Un simple citoyen, viticulteur, forgeron, poissonnier, éleveur, ou
faisant tout autre métier rentrant dans la catégorie de ceux visés par
la loi du 21 mars 1884, peut, comme n'importe qui, défendre devant
un tribunal un intérêt quelconque, pourvu que cet intérêt lui soit
personnel; mais, quand même cet intérêt concernerait directement
sa profession, il ne serait pourtant admis à le défendre que comme
intérêt personnel et non pas comme intérêt général; qu'un boulanger
intente une action à un minotier parce que celui-ci lui aura livré
une farine de mauvaise qualité, il exercera une action de droit
commun; il ne serait pas admis à exercer cette action en tant que
résultant d'un préjudice général causé à la profession des boulangers
par la livraison à un de ceux-ci d'une farine avariée. L'intérêt professionnel, considéré au point de vue général et collectif, s'il arrivait
qu'il fût en cause, serait au contraire défendu utilement par le Syndicat des boulangers.

Il faut donc reconnaître, contrairement à l'avis du tribunal de
Bordeaux, que la loi du 21 mars 1884, en créant ce qu'on pourrait

justement appeler l'action syndicale pour la défense des intérêts professionnels collectifs, a introduit dans notre législation un principe nouveau, répondant à des nécessités nouvelles nées du développement continuel de la civilisation et de l'organisation sociale. Dès lors le souci des tribunaux doit être, lorsque le cas se présente, d'accorder ce principe avec ceux du droit commun et non pas de l'annihiler en l'écartant sous prétexte qu'il est en contradiction avec ceux-ci; nous avons d'ailleurs montré que cette contradiction est purement imaginaire. La vérité est qu'il s'agit ici d'une application nouvelle du droit commun.

Un autre argument du tribunal de Bordeaux, pour repousser l'intervention du Syndicat des viticulteurs-propriétaires, consiste à dire :

« Que, au cas fort possible, en droit et en fait, où il existerait plu-
« sieurs syndicats ayant, sous des noms différents, le même objet
« que celui-ci, il faudrait déclarer chacun d'eux recevable à se porter
« partie civile, et que, même ce pas franchi, il ne resterait aucune
« bonne raison de refuser cette faculté à tous les Syndicats de viticul-
« teurs qui se pourraient créer en France. »

La loi du 21 mars 1884 n'a pas limité le nombre des Syndicats qui pourraient se créer soit en France, soit dans une même région, soit dans une même localité pour l'étude et la défense des intérêts d'une même profession. Une telle disposition aurait été en contradiction avec l'esprit éminemment libéral de la loi et avec ce souci certain du législateur, surabondamment révélé par les travaux préparatoires, de ne pas restaurer sous un nom nouveau, même avec des modifications profondes, les corporations de métiers abolies par la Révolution française.

Mais de ce que le nombre des syndicats d'une même profession est illimité en droit, de ce que par conséquent ils auront tous à défendre ces mêmes intérêts et que tous pourront introduire dans une même instance une action semblable, il ne s'ensuit pas qu'on puisse arbitrairement, pour prévenir le danger hypothétique d'une invasion du prétoire, dénier à tous ces syndicats une action que la loi a donnée à chacun d'eux, ni refuser cette action à chacun parce que tous pourraient éventuellement l'exercer à la fois.

Au surplus cette considération de fait, qui ne saurait qu'être dépourvue de portée juridique, ne repose que sur des hypothèses qu'on peut sans témérité qualifier de chimériques. En effet, pour ne parler que des viticulteurs, devant un même tribunal, combien de syndicats de cette profession seront amenés à intervenir pour défendre leurs intérêts généraux? Celui ou ceux du ressort de ce tribunal ou des autres ressorts de la région où tous les viticulteurs ont des intérêts similaires. Mais ceux des régions plus éloignées n'auront aucun motif d'intervenir, soit parce que les intérêts qu'ils auraient à défendre seront déjà défendus suffisamment, soit parce que, par certains côtés, ces intérêts ne seraient pas tout à fait les leurs. Si cependant ces syndicats éloignés interviennent, que ce soit à défaut de syndicats constitués dans le ressort du tribunal saisi, que ce soit pour joindre leur action, dans un intérêt identique, à celle des syndicats locaux, leur intervention sera également recevable, si elle est motivée par cette raison suffisante et décisive qu'il s'agit d'intérêts généraux et collectifs des viticulteurs; un syndicat des Charente sera aussi qualifié pour intervenir qu'un syndicat du Beaujolais du Languedoc.

Si, au contraire, il s'agit de l'intérêt général et collectif des viticulteurs d'une région déterminée, qui, par certains côtés se distinguent des intérêts généraux et collectifs des viticulteurs d'une autre région, la recevabilité de l'intervention d'un syndicat sera subordonnée à la démonstration de l'intérêt qu'il invoquera. Ainsi dans une instance relative à une fraude sur les eaux-de-vie de Cognac, qui concernera manifestement les intérêts collectifs des viticulteurs des Charente, il serait sans doute difficile à un syndicat des viticulteurs des Bouches-du-Rhône de légitimer son intervention. De même le Syndicat des propriétaires-viticulteurs de la Gironde serait mal fondé à intervenir devant le Tribunal de Reims dans une instance relative à une question de contrefaçon des vins de Champagne.

Quant à savoir quelle sera l'importance de la réparation qu'il conviendra d'accorder au Syndicat intervenant comme partie civile dans une instance correctionnelle, aussi bien que s'il intente directement une action en dommages-intérêts, c'est là une question d'espèce dont la solution, laissée à l'appréciation souveraine des juges, est évidemment subordonnée aux circonstances de la cause.

Ces considérations nous amènent à émettre l'avis suivant :

1° Un syndicat professionnel a le droit d'ester en justice pour y défendre les intérêts généraux et collectifs qu'il représente.

2° Spécialement un syndicat de viticulteurs-propriétaires défend un intérêt professionnel général et collectif quand il se porte partie civile dans une instance correctionnelle ayant pour objet la répression de la vente de vins mouillés sous le nom de vin naturel de vendange.

3° C'est à tort que le Tribunal correctionnel de Bordeaux a déclaré irrecevable l'intervention de l'Association syndicale des viticulteurs-propriétaires de la Gironde dans l'instance considérée.

4° L'appel interjeté par cette Association syndicale est justifié.

PATISSIER–BABDOUX, avocat au Conseil d'Etat et à la Cour de Cassation.

ULRICH et CAZELLES, avocats à la Cour d'appel de Paris.

GIOT, avoué à la Cour d'appel de Paris.

POINSOT, avoué au Tribunal civil de la Seine.

Membres du Conseil judiciaire du Syndicat des viticulteurs de France.

Imp. Noizette et Cⁱᵉ, 8, rue Campagne-Première, Paris